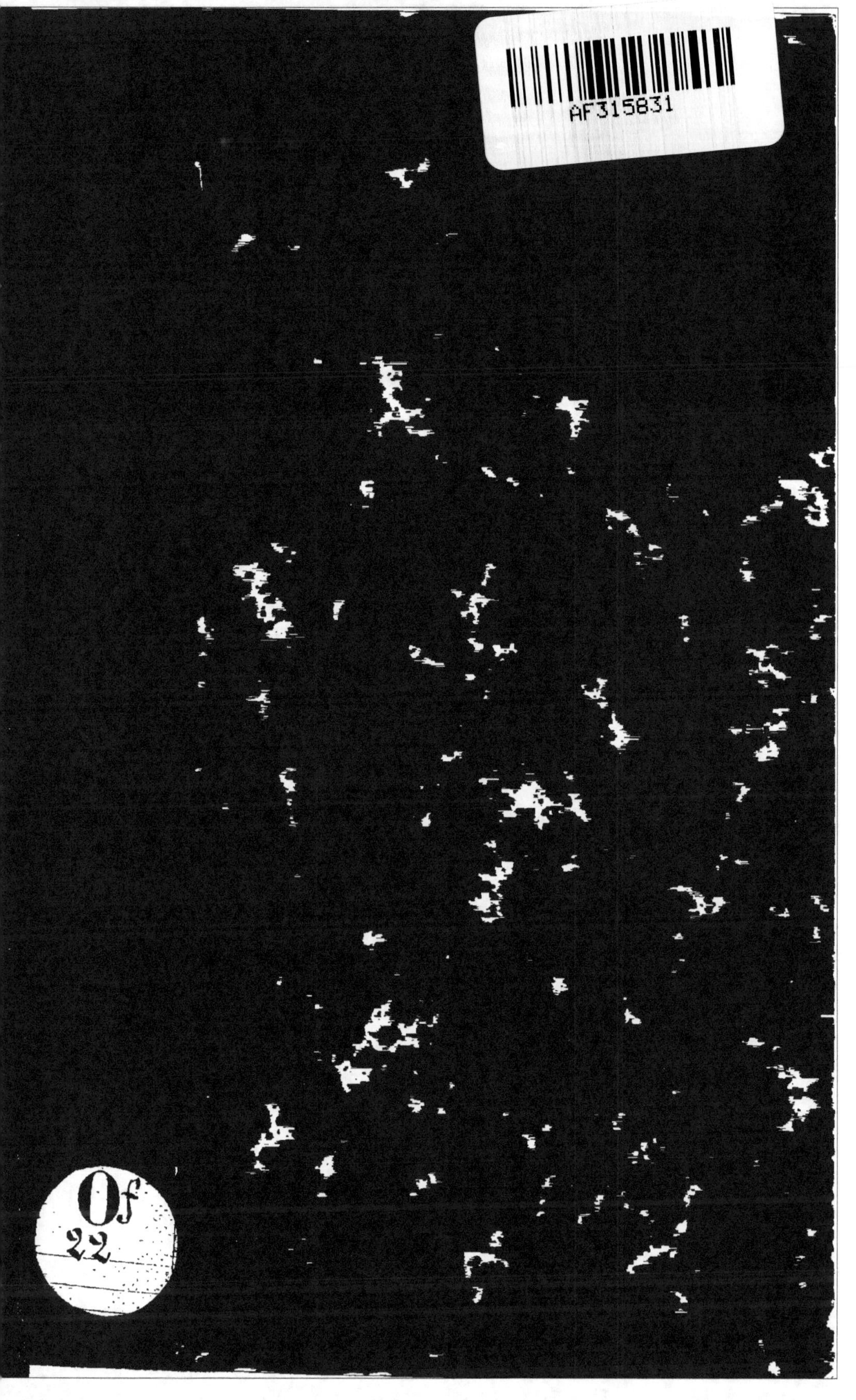
AF315831
Of
22

CATÉCHISME POLITIQUE

DE

LA CONSTITUTION

ESPAGNOLE,

APPLICABLE A TOUTE CONSTITUTION FONDÉE SUR LES PRINCIPES.

DE L'IMPRIMERIE DE A. BOBÉE.

A PARIS,

Chez {
PÉLISSIER, Libraire, au Palais-Royal.
l'Auteur, rue Rameau, n°. 7.
BOBÉE, Imprimeur, rue de la Tabletterie, n°. 9.
}

1819.

PRÉFACE.

L'ORGUEIL est, chez les nations, ce que l'amour-propre est chez les individus ; c'est pour les uns comme pour les autres le véhicule le plus puissant et le plus sûr. L'orgueil national, quand il est manié par un homme de génie, ou excité par une circonstance extraordinaire, ou irrité par une oppression inattendue, est capable d'efforts que n'inspirerait même pas l'amour de la liberté.

La grande faute politique de Napoléon, celle qu'il n'eût point commise au commencement de son règne, celle qui fut l'effet de l'habitude d'un immense pouvoir sans contradictions et sans balance, c'est d'avoir, dans sa prospérité, méconnu les nations et les hommes, ou plutôt le principe qui les fait agir. Il blessa tous les amours-propres nationaux et individuels ; et pour ceux qui observent et qui réfléchissent, cette faute est la cause principale de sa chute. Tous les esprits éclairés durent la prévoir du moment qu'il développa la violence de ses projets envers l'Espagne.

La nation espagnole était loin de jouir, en 1809, de cette liberté que la société réclame, que les lumières comme l'expérience ont définie et déterminée, et à laquelle le caractère sage, prudent et réfléchi de cette nation, semblait lui donner le droit de prétendre. Mais d'antiques habitudes lui tenaient lieu de lois libérales. Séparée des autres nations européennes par les Pyrénées et par les mers, elle était restée impassible à côté des révolutions de ses voisins, et marchait paisiblement sous un système établi par une suite lente et progressive de principes qui, en devançant, pour ainsi dire, les générations, semblaient former le droit public des peuples de la péninsule. La nation espagnole supportait sa situation politique avec cette résignation que l'on a, dans quelque état que ce soit, toutes les fois que l'on croit pouvoir dire : *S'il est tel, c'est que nous le voulons.* Les peuples comme les individus attachent du prix à l'obtention ou à la conservation d'un bien, en raison directe des efforts que l'on fait pour les en priver.

Ainsi, l'amour de la liberté qui s'est développé tout-à-coup dans la péninsule, a été le résultat des tentatives que l'on a faites pour assujetir ce pays, et le mettre dans la dépendance étrangère.

> « . . . . Et ce peuple abattu,
> A force de malheurs, a repris sa vertu.
>
> (VOLTAIRE)

C'est à ce sentiment (nous l'avons fait distinguer plus haut de celui avec lequel on le confond si souvent), c'est à ce sentiment, disons-nous, que l'Espagne a dû ce patriotisme qui, de toute part, a éclaté chez elle, et c'est à ce patriotisme que le souverain qu'elle appelait sur le trône de ses pères, a dû, à son tour, tous les efforts qu'elle a faits pour l'y placer.

C'est dans cet état d'enthousiasme et d'oppression que les Espagnols ont fait paraître un code qui atteste, à la fois, et les progrès que les lumières avaient faits chez eux, leur dévouement pour leur souverain, et la connaissance des droits réciproques des gouvernés et des gouvernans.

Le sénat romain ordonnant la vente de terres encore occupées par les soldats d'Annibal, nous paraît moins grand que les Cortès promulgant des lois et proclamant leur indépendance, en présence et sous le fer des soldats de Napoléon.

On croit voir, dans chacun des hommes courageux qui siégeaient aux Cortès, ce sage de l'antiquité qui se livrait aux méditations les plus profondes, au moment où les aigles romaines flottaient déjà sur les murs de Syracuse.

La constitution des Cortès est un monument véritablement historique, aussi honorable pour ses auteurs que pour la nation qui mérita de pareilles lois. Elle a été suspendue par l'abus de la force. C'est un ressort plié, mais non brisé. La constitution des Cortès est éternelle comme les principes qui l'ont dictée. Un jour les peuples de la péninsule verront leur souverain relever lui-même cette colonne de l'indépendance nationale, comme le meilleur soutien de sa puissance et la meilleure garantie du bonheur de ses sujets.

Consolez-vous! généreux auteurs de ce code

immortel ! consolez-vous des persécutions, des souffrances et de l'exil. Les plus nobles travaux de l'esprit ont été bien souvent pour leurs auteurs la source de longues amertumes. L'auteur d'Athalie n'a point joui des succès de son chef-d'œuvre. Milton et Camoens n'ont été payés de leurs travaux que par l'ingratitude des hommes ; et sans sortir du cercle des législateurs, Lycurgue fut obligé de s'exiler de Sparte pour y affermir la constitution qui devait faire le bonheur et la gloire de ses compatriotes.

Les idées constitutionnelles, les principes proclamés par les Cortès, sont aujourd'hui dans tous les cœurs espagnols. Cette doctrine devient de plus en plus dominante. C'est le catéchisme de tous les hommes pensans. Pour donner une idée de l'état des esprits à cet égard, nous offrons au public la traduction littérale d'un petit livre devenu populaire en Espagne, répandu dans toutes les classes de la société, lu et commenté il y a plusieurs années, dans les écoles, et dont le souvenir est loin d'être effacé.

Nos lecteurs s'apercevront aisément que ce

catéchisme n'a point passé à la censure de cette Inquisition dont le rétablissement étonne et indigne le monde civilisé. C'est le catéchisme d'un peuple qui se donnait des lois, au moment même qu'il étoit conquis, et lorsque les conquérans étaient loin d'aspirer pour eux-mêmes à cette liberté dont les Espagnols opprimés donnaient au monde le signal et l'exemple.

AVANT-PROPOS.

Sɪ c'est une grande erreur que de regarder comme inutile l'éducation politique des peuples, c'est une absurdité que de prétendre qu'il est dangereux de les instruire sur leurs véritables intérêts ; car, si dans tout état quelconque, il y a une convention tacite entre la société et chacun des individus qui la composent, il est de la plus grande justice que chacune des parties contractantes ait une parfaite connaissance des obligations qui lui sont imposées par le traité qu'elles ont passé entre elles.

Le catéchisme politique que nous offrons au public, a été redigé par suite d'un raisonnement semblable ; il a pour but de pénétrer la jeunesse espagnole des principes consacrés par la contitution , et de lui apprendre de bonne heure les droits et les devoirs de chaque citoyen d'après les lois fondamentales de l'état.

Toute charte ou constitution écrite n'est, à parler rigoureusement, qu'un mode de rédaction des principes de l'ordre social ; pour en donner une aux nations, sans rien innover, on en trouvera constamment les matériaux tout préparés dans leurs anciens monumens, soit écrits, soit traditionnels. S'il est vrai, comme l'a dit très-récemment un grand homme d'état, Guillaume de Humboldt, que les nouvelles constitutions, pour être durables et pour faire le bonheur des peuples, doivent être fondées sur une base historique ; que l'utilité essentielle des assemblées des députés consiste à réveiller et à conserver un véritable esprit public chez les citoyéns : la constitution proposée aux Espagnols par les Cortès, avait les titres les plus légitimes à l'assentiment général des hommes justes. On ne reprochera point à la commission chargée d'en rédiger le projet, d'avoir emprunté ses modèles chez les nations nouvellement formées ; elle était l'héritage de leurs ancêtres ; les droits qu'elle énonce n'étaient qu'une répétition des anciennes libertés des Aragonais, Castillans, Navarrais, Biscayens, etc. ; la commission en a pris tous les élémens dans les institutions anciennes ou existantes.

Son exposé prouve par des faits, que les Espagnols avaient des droits politiques avant 1808, et que de temps immémorial leur législation fut nationale.

Dans le code appelé *Fuero-Juzgo*, qui déclare les droits des citoyens, du peuple et du roi, fondés sur l'obligation commune à tous d'être soumis aux lois, la souveraineté de la nation est reconnue et proclamée de la manière la plus authentique et la plus solemnelle. Les dispositions de ce code établissent que la couronne est élective ; que personne ne peut prétendre au trône s'il n'y est appelé par le choix de la nation ; que le roi doit être nommé par les évêques, les grands et le peuple ; elles déterminent également ce qu'il faut posséder pour être éligible ; elles règlent les droits respectifs du peuple et de son roi, en attribuant toutefois la puissance législative au roi, conjointement avec les représentans de la nation. Il y est enjoint à tous sans distinction de dignité et de rang, d'être fidèles aux lois, avec défense expresse, au monarque, d'attenter à la propriété de personne, sous peine de restitution et de dédommagement.

En 1406, il avait été question dans les Coriv

tès de Tolède, lors de la minorité de don Juan II, de faire passer la couronne sur la tête de son oncle, l'infant don Ferdinand.

Les états de la principauté de Catalogne, après avoir opposé une noble résistance à don Juan II, roi d'Aragon, le déposèrent formellement du trône en 1462. La Castille en fit de même à l'égard de Henri IV, en 1465, à cause des vices de son gouvernement et de sa mauvaise administration.

Ce fut par suite de ce droit ancien qu'avoit la nation espagnole de choisir son roi, que les rois de Léon et de Castille prirent l'habitude d'associer au trône et de faire reconnaître par les Cortès, comme héritier, le prince ou le plus proche parent désigné pour leur succéder; c'est encore de ce droit que dériva la coutume d'assurer la succession au prince des Asturies, en lui faisant prêter serment du vivant de son père.

Le *code goth*, dont les statuts garantissaient à la nation le droit de se donner elle-même ses lois, fut rétabli successivement dans les divers royaumes de la péninsule, aussitôt qu'ils se virent délivrés de la présence des Arabes.

Dès-lors reparurent les anciens congrès nationaux des Goths, sous le nom de Cortès générales de Navarre, d'Aragon et de Castille, où le roi, les prélats, la noblesse et le peuple délibéraient sur les lois, établissaient les impôts et décidaient toutes les affaires importantes. Entre ces trois états, l'*Aragon* jouissait des institutions les plus libérales : rien n'est comparable aux dispositions de sa constitution pour la garantie des libertés et des prérogatives de la nation et des citoyens. Le roi ne pouvait s'opposer, que par remontrance, aux décisions des Cortès, et ces décisions devenaient lois du royaume si la nation y persistait. Au surplus, la formule usitée pour la publication des lois, ne laisse subsister aucun doute sur le véritable siége de l'autorité souveraine ; elle était conçue en ces termes : « Le roi, *d'après la volonté des Cortès*, statue et ordonne. » C'était aux Cortès qu'appartenait le droit exclusif de faire la paix ou de déclarer la guerre ; les contributions étaient librement consenties par la nation réunie en Cortès, les états de dépenses soumis à leur examen, et tous les fonctionnaires publics tenus de leur rendre compte. Outre les assemblées fréquentes, et dès 1283 annuelles, des

Cortès que l'on considérait comme le meilleur moyen d'assurer le respect et l'exécution des lois, les Aragonais avaient le privilège dit de *l'union*, dont l'objet positif était de s'opposer ouvertement à toute usurpation du roi et de son gouvernement sur les droits et les libertés du royaume, de le détrôner même et d'en élire un autre à sa place, encore qu'il soit payen ; (*aunque sea pagano*) l'Union, dont la marche était déterminée par des lois fixes, pouvait donner des ordres au roi, et le forcer à la réparation des injustices commises envers la nation, pouvoir qu'elle exerça notamment à l'égard d'Alphonse III. Les fonctions augustes et tutélaires du *Justicia*, présentaient une autre garantie de la liberté des Aragonais. Ce magistrat dont l'indépendance était assurée par les lois, avait le droit d'évoquer à son tribunal les causes criminelles, pour offrir aux accusés le moyen de se défendre contre le crédit des ministres ; les devoirs de sa charge lui prescrivaient aussi de se mettre à la tête de l'armée, et de la conduire contre le roi lui-même ou son successeur présomptif, si l'un ou l'autre se permettait d'introduire des troupes étrangères dans le royaume. Les lois de l'Aragon défendaient l'application de la torture, à une époque où cette épreuve barbare et cruelle était en force dans toute l'Europe.

La *constitution de la Castille* n'était pas moins admirable et digne de vénération. Elle défendait au roi de partager le royaume, d'attenter aux propriétés privées, de lever aucune contribution, aucun tribut, aucun impôt quelconque sans le consentement de la nation réunie en Cortès; et l'impôt demandé n'était accordé que lorsque les Cortès avaient obtenu préalablement la réforme des abus parvenus à leur connaissance. La constitution ne permettait pas de détenir un citoyen qui fournissait caution, et frappait de nullité toute sentence rendue contre un particulier par ordre du roi.

En *Navarre*, la constante exécution des lois fondamentales se trouvait assurée par une institution qu'on ne retrouve pas ailleurs, dans la péninsule (1). Les réunions des Cortès, d'abord annuelles, étaient devenues, par la suite, triennales; mais l'intervalle des sessions était oc-

____

(1) Elle existait dans le Wurtemberg.

cupé par un *Comité permanent* appelé DÉPU-
TATION , qui veillait au maintien des droits de
la nation. Aucune loi ne pouvait être établie
sans le libre consentement des Cortès, elles délibéraient en l'absence du vice-roi. Les projets
de lois décrétés dans leur sein, étaient, à la vérité, soumis à l'approbation du roi , mais ils
avaient réciproquement le droit de soumettre
à leur propre révision, les ordonnances du monarque , et de s'opposer à leur exécution s'ils
les jugeaient contraires ou préjudiciables au
bien public. Aucun impôt ne pouvait être levé
dans toute l'étendue du royaume , s'il n'était
consenti par les Cortès qui, jalouses de leur autorité , donnaient à toute espèce de contribution le nom de *don gratuit.* Les attributions
de la Députation étaient absolument les mêmes
que celles des Cortès : sentinelle vigilante , la
députation empêchait, par devoir, l'exécution
des ordonnances et des règlemens du roi qui
lui paraissaient contraires à la constitution; elle
réclamait sur-le-champ contre toutes les mesures du gouvernement, attentatoires aux droits
et aux libertés de la Navarre , et prenoit con-
noissance de tout ce qui avait rapport à l'éco-
conomie politique et à l'administration du

royaume. L'autorité judiciaire était aussi très-indépendante. Le *Conseil de Navarre* jugeait en dernier ressort toutes les causes tant civiles que criminelles, sans distinction des personnes quelque privilégiées qu'elles fussent, et sans que l'on pût évoquer aucune affaire par-devant les tribunaux de la cour, ni par voie d'appel, ni par voie de requête, pas même pour le motif d'une injustice notoire.

Peut-on demander des preuves plus éclatantes de la grandeur et de l'élévation du génie d'une nation, de la dignité de son caractère, du bon esprit de liberté et d'indépendance qui l'anime, de son amour pour l'ordre et la justice ? Et ce ne sont pas là des rêves, ce sont des faits historiques démontrés par les *Blanca*, les *Queita*, les *Anglésia*, les *Mariana*, et consignés d'ailleurs dans les différents codes de la législation espagnole, tels que celui de *las Partidas*, le *Fuero-Juzgo*, le *Fuero-Viejo*, le *Fuero-Real*, l'ordonnance d'*Alcala*, l'ordonnance *royale* et la nouvelle *recopilacion*.

C'est la doctrine de ces lois protectrices, de ces principes immuables, éternels, de la saine

politique que la commission avait reproduite
dans son projet de constitution, monument an-
tique et national où il n'y avait de nouveau
que la méthode et l'ordre de sa disposition.

CATÉCHISME POLITIQUE

DE

LA CONSTITUTION

ESPAGNOLE.

PREMIÈRE LEÇON.

De la Constitution.

D. Qu'est-ce qu'une Constitution ?

R. Une collection régulière des lois fondamentales ou politiques d'un état.

D. Qu'entend-on par lois fondamentales ?

R. Celles qui établissent la forme d'un gouvernement, en déterminant les conditions auxquelles les uns doivent commander et les autres obéir.

D. Qui a la faculté de faire ces lois ?

R. La nation, soit par elle-mème, soit par l'intermédiaire de ses représentans ou députés.

D. Avons-nous une constitution ?

R. Oui, et tellement bonne qu'elle peut assurer

2 *

notre bonheur, si nous l'observons exactement, et si nous contribuons à la faire observer.

D. Qui l'a faite?

R. Les *Cortès générales*, extraordinairement instalées dans l'île de Léon le 24 septembre 1810.

D. Ainsi la constitution est une innovation parmi nous?

R. Non, les principes généraux sur lesquels elle a été établie avaient été anciennement en vigueur; mais comme ils ne formaient pas un corps de législation, et que rien ne garantissait le maintien de ces principes, les classes intéressées à les anéantir les avaient fait tomber en oubli. Les Cortès les ont fait revivre.

D. Quelle était la composition des Cortès?

R. Elles se composaient des représentans de la nation espaguole, ou, autrement, de députés élus librement par le peuple espagnol.

DEUXIÈME LEÇON.

De la Nation espagnole.

D. Qu'entendez-vous par la nation espagnole!

D. J'entends la réunion de tous les Espagnols des deux hémisphères.

D. Quel territoire occupe cette grande nation?

R. Le territoire espagnol comprend, dans la *pénin-*

sule avec ses possessions et îles adjacentes, l'Aragon, les Asturies, la Vieille-Castille, la Nouvelle-Castille, la Catalogne, Cordoue, l'Estramadure, la Galice, la Grenade, Jaën, Léon, Molina, Murcie, la Navarre, les provinces Basques, Séville, et Valence ; les îles Baléares, et les Canaries, avec d'autres possessions en Afrique.

Dans l'*Amérique septentrionale*, la Nouvelle-Espagne et la Nouvelle-Galice, la péninsule de Jucatan et Guatimala, les provinces intérieures de l'orient et les provinces intérieures de l'occident, l'île de Cuba, les deux Florides, la partie espagnole de l'île de St.-Domingue, et l'île de Porto-Rico, ainsi que les îles qui avoisinent celles-ci ou qui se rapprochent du continent dans l'une et l'autre mer.

Dans l'*Amérique méridionale*, la Nouvelle-Grenade, Vénézuela, le Pérou, le Chili, les provinces de la rivière de la Plata, et toutes les îles adjacentes situées dans la mer Pacifique et dans l'Atlantique.

En *Asie*, les îles Philippines et autres du Grand-Océan qui en dépendent.

D. Cette nation a-t-elle un maître ?

R. Non, parce qu'étant libre et indépendante, elle n'est ni ne peut être le patrimoine d'une famille ni d'un individu, outre qu'en elle réside essentiellement la souveraineté, et que, par cela seul, c'est à elle qu'appartient le droit d'établir ses lois fondamentales. (Art. 2 et 3 de la Constitution).

D. Qu'en résulte-t-il ?

R. Que cette réunion de tous les Espagnols ne tient à personne en particulier ; de manière qu'avec le concours de la volonté générale ou de la majorité, ils peuvent faire toutes les dispositions qu'ils jugent nécessaires à leur bonheur, sans que personne n'ait ni la faculté ni le droit de s'opposer à leurs délibérations.

D. N'est-ce pas le roi qui est le souverain ?

R. Le roi est un citoyen comme un autre : il reçoit son autorité de la nation ; mais comme celle-ci lui accorde la part de souveraineté qu'exige le bien général, on est dans l'usage de lui donner ce titre, autant pour manifester l'élevation de sa dignité, que pour inspirer le respect qui lui est dû.

D. Pourrait-on expliquer cela d'une manière plus claire ?

R. Supposons que trois ou quatre cents personnes, sans avoir de relations entr'elles, s'embarquassent pour une destination quelconque, et fussent jetées par la tempête sur une île déserte. Obligées d'y vivre, aucune d'elles n'aurait de droits sur les autres ; chacune serait libre et indépendante, maître absolu de sa volonté, et par conséquent ne reconnaîtrait pas de souverain.

D. Et comment ces naufragés pourraient-ils vivre unis, chacun s'occupant de soi seulement, et nul ne pensant au bien général ?

R. Voilà pourquoi, dès qu'ils se réuniraient pour vivre en société, et qu'ils reconnaîtraient les rapports

mutuels dans lesquels ils devaient être alors nécessairement les uns envers les autres, ils renonceraient tous
à l'indépendance individuelle, ou au pouvoir absolu de
soi-même. Ils s'assujétiraient à des règles qu'ils croiraient
convenables, et le droit individuel viendrait se fondre
dans le droit commun; de manière, qu'en même temps
qu'aucun n'aurait d'autorité pour commander à ses
compagnons, tous réunis, en auraient pour stipuler ce
qu'ils jugeraient utile à la communauté. D'où il suit
que celui qui serait nommé par eux pour les diriger
et les gouverner, tiendrait l'autorité dont il se trouverait investi, de tous réunis, lesquels, conséquemment,
en la leur accordant, pourraient lui imposer les conditions qu'ils voudraient. Et comme les nations ne
se sont formées que d'une manière semblable, l'exemple que nous venons de poser, fait voir non seulement ce que signifie la souveraineté nationale, mais encore où elle réside essentiellement; et en outre, que qui
que ce soit qui gouverne légitimement, est un individu
comme tout autre, chargé sous de certaines conditions de l'exercice du pouvoir qui, appartenant à la
société, est déposé par elle entre ses mains afin de vivre
ensemble dans un meilleur ordre et sous une meilleure direction.

D. En usant de cette souveraineté, quelle est la religion que la nation espagnole s'engage à suivre, afin
de conserver les bonnes mœurs et de rendre vertueux
tous les individus qui la composent ?

R. La religion de la nation espagnole est et sera toujours la religion catholique, apostolique et romaine, la seule véritable. La nation la protège par des lois sages et justes, et défend l'exercice public de toute autre. (Art. 12).

D. Et pourquoi préfère-t-on la religion catholique, et exclue-t-on toutes les autres ?

R. Parce que la nation est entièrement convaincue de la vérité et de l'excellence de la religion catholique, apostolique et romaine ; et parce qu'il convient au bien et à la tranquillité de l'état, qu'il y ait unité de senti-mens religieux comme de sentimens politiques.

D. Quels sont les devoirs des Espagnols réunis et considérés comme nation ?

R. De se défendre réciproquement. C'est pourquoi il est établi par la constitution que la nation est obli-gée de conserver, et de protéger par des lois sages et justes, les droits légitimes de tous les individus qui la composent.

D. Quels sont ces droits ?

R. La liberté, la sûreté, la propriété et l'égalité.

D. Qu'entend-t-on par sûreté ?

R. Le concours de tous en général pour assurer les droits de chacun en particulier.

D. En quoi consiste le droit de propriété ?

R. En ce que chacun puisse jouir exclusivement, et

disposer de ses biens selon qu'il l'entendra, de même que des fruits de son talent, de son industrie et de son travail, sans que personne ait la faculté de l'en priver en tout ni en partie.

D. En quoi consiste la liberté ?

R. La liberté ne consiste pas, ainsi que le croit l'ignorance, en ce que l'homme ait la faculté de faire ce que bon lui semble ; mais en ce qu'il puisse faire tout ce qui ne sera pas contraire aux droits d'un autre, ni défendu par les lois.

D. Donc, les lois sont contraires à la liberté ?

R. Pas du tout, elles la garantissent : car s'il était permis de léser les droits de quelqu'un, le plus fort, le plus astucieux ou le plus puissant opprimerait le plus faible, le plus simple ou le plus pauvre ; et de cette manière, il n'y aurait plus de liberté.

D. Combien y a-t-il d'espèces de libertés ?

R. Les principales sont trois ; la liberté naturelle ou de l'homme, la liberté civile ou du citoyen, (c'est-à-dire, de l'homme en société), et de la liberté politique ou des nations.

D. Qu'est-ce que la liberté naturelle ?

R. La faculté que l'homme aurait de faire tout ce qu'il voudrait, s'il ne vivait point en société.

D. Donc, l'homme qui ne serait pas en société, ne se trouverait assujéti à aucune loi ?

R. L'homme, lors même qu'il ne vivrait point en société, (ce qui se conçoit à peine), serait toujours sujet à la loi de la nature ; de manière, qu'il ne pourrait offenser ni blesser un autre homme, lui enlever les fruits qu'il aurait cueillis pour sa nourriture, ni lui faire aucune espèce de mal.

D. Qu'est-ce que la liberté civile ?

R. La liberté civile est le droit que tout citoyen a de faire tout ce qui lui convient, toutes les fois que cela n'est pas contraire aux droits d'un autre ni aux lois établies.

D. Qu'est-ce que la liberté politique ?

R. C'est le droit que chaque nation a de délibérer sur ses intérêts, d'agir seule et pour soi, sans dépendre d'une autre, et sans être assujétie aux volontés d'un tyran ou d'un gouvernement étranger.

D. A laquelle de ces différentes espèces de libertés appartient la liberté de la presse ?

R. A la liberté civile, qui renferme la liberté d'écrire, aussi bien que celle de parler, de manger, de marcher, celle enfin que l'homme a de faire un libre usage de toutes ses facultés physiques et morales, toutes les fois que ce qu'il fait n'est pas défendu par la loi.

D. Alors en quoi consiste la liberté de la presse ?

R. En ce que, de même que l'homme n'a pas besoin de demander permission à personne ni à aucune au-

torité pour parler, il n'a pas besoin non plus de permission pour faire imprimer ses idées ; mais par la
même raison, que l'on ne peut pas dire ou écrire impunément des choses qui offensent la société ou des
particuliers, l'on ne peut pas plus les faire imprimer ;
c'est pourquoi la constitution, après avoir établi le
mode d'instruction publique, sans laquelle il ne peut y
avoir bonheur ni prospérité, établit également que tout
Espagnol a la liberté d'écrire et de publier ses idées politiques, sans avoir besoin pour cela de permission, de
révision ou approbation quelconque antérieure à la publication, sauf la responsabilité prescrite par les lois.

D. Pourquoi cette liberté a-t-elle tant d'antagonistes ?

R. Parce qu'il y a beaucoup de gens qui ne vivent
que d'abus, et que la liberté de la presse, en éclairant
le peuple, contribue puissamment à les réprimer.

D. La liberté et l'indépendance sont-elles une seule
et même chose ?

R. Non, l'indépendance consiste en ce qu'une nation ne soit, en aucune manière, sous la domination ou
l'influence d'une autre ; et la liberté consiste en ce
qu'une nation ne soit pas gouvernée d'une manière arbitraire, soit par un seul homme, soit par plusieurs:
ainsi, quand nous autres, nous disons que nous combattons pour notre liberté, nous voulons dire que nous
combattons pour défendre notre constitution, et éviter

l'arbitraire de la part de ceux qui gouvernent, en les assujetissant aux lois ; et lorsque nous disons que nous combattons pour notre indépendance, nous voulons dire que nous combattons pour ne pas être sous la domination des étrangers.

D. En quoi consiste l'égalité ?

R. En ce que la loi soit la même pour tous, c'est-à-dire, que tous aient les mêmes droits et les mêmes obligations ; enfin, qu'aux yeux de la loi, les droits comme les devoirs, soient les mêmes pour tout le monde, sans exception ni privilège de quelque nature et sous quelque prétexte que ce soit.

TROISIÈME LEÇON.

De la Loi.

D. Qu'est-ce que la loi ?

R. Du temps de Charles **IV** et de ses prédécesseurs, on donnait le nom de loi à chaque ordre ou décret publié au nom du souverain, soit par les ministres, soit par les tribunaux ; mais la loi, proprement dite, est l'expression de la volonté générale par rapport à ce qu'il convient d'ordonner ou de prohiber dans l'intérêt commun.

D. Que veut dire la volonté générale ?

R. Ce que veulent tous ou la plupart de ceux qui composent une nation.

D. Ainsi donc, pour que les lois soient justes, il faudra que tout le monde s'assemble pour manifester sa volonté, et que tous conviennent d'une même chose ?

R. Quand cela peut se pratiquer, cela doit être ainsi. Mais, comme il n'est pas possible de réunir tous ceux qui composent une nation telle que l'Espagne, par exemple, qui se trouve disséminée dans les quatre parties du monde, il faut au moins que des citoyens, élus par tous les autres, se réunissent pour exprimer en leur nom leur volonté ; en ce cas, c'est la majorité qui détermine la résolution qu'il faut prendre, vu qu'il serait presqu'impossible que tous fussent toujours du même avis.

D. Quel est l'objet des lois en général ?

R. L'objet des lois, en général, c'est le bien commun, soit de la société, soit de la nation ; car, tel est le but que l'on se propose en les établissant. Cet objet varie selon les différentes classes de lois ; il y en a de fondamentales, lesquelles, ainsi que nous l'avons déjà dit, établissent le gouvernement ; d'autres forment ce que l'on appelle constitution des lois civiles, lesquelles établissent des règles fixes de justice, fondées sur l'équité naturelle pour déterminer les droits des citoyens relatifs au libre usage de leurs biens, et qui garantissent les différens contrats et les négociations qui ont lieu des uns avec les autres, par rapport à ces mêmes biens et à tout ce que l'on nomme propriété; les lois criminelles, enfin, punissent les délits et imposent des peines pour chacun d'eux; et selon que leur application varie, on leur attribue un caractère qui appartient plus particulièrement à la question ou au fait dont il s'agit, son caractère essentiel étant dans toutes les circonstances, celui de réclamer, d'établir, ou d'assurer ce qui convient au bien général.

D. Pour que l'on puisse faire des lois en Espagne, il faut donc que les Espagnols nomment des citoyens pour les représenter, puisqu'ils ne peuvent pas s'assembler dans un même endroit?

R. C'est ainsi que l'établit la constitution, mais pour être éligible, il faut être citoyen espagnol.

QUATRIÈME LEÇON.

Des Espagnols et des Citoyens Espagnols.

D. Quelle différence y a-t-il entre un Espagnol et un citoyen espagnol?

R. La constitution déclare Espagnol,

1°. Tous les hommes libres, nés et domiciliés dans les possessions espagnoles, ainsi que leurs enfans.

2°. Les étrangers qui ont obtenu des Cortès des lettres de naturalité.

3°. Ceux qui, sans avoir été naturalisés, auront séjourné dix années dans le territoire espagnol.

4o. Les libérés, dès qu'ils auront obtenu la liberté en Espagne.

D. Quels sont les devoirs ou les obligations des Espagnols, individuellement ?

R. Tout Espagnol doit aimer sa patrie, être juste et bienfaisant, se soumettre à la constitution, obéir aux lois, respecter les autorités établies, contribuer sans aucune distinction, et en proportion de sa fortune, aux charges de l'état, et à la défense de la patrie lorsque la loi l'appelle, c'est-à-dire, qu'il ne doit y avoir aucun privilége pour être exempte des contributions ni du service militaire.

D. Quels sont les citoyens espagnols ?

R. Les Espagnols, dont le père et la mère sont espagnols eux-mêmes, et établis dans un pays quelconque de la monarchie ; sont également reconnus citoyens espagnols, les étrangers qui, jouissant déjà des droits des indigènes, ont obtenu des Cortès, des lettres spéciales de citoyens.

D. Quelles conditions ceux-ci doivent ils remplir pour obtenir ces lettres ?

R. Il faut qu'ils se soient mariés avec des Espagnoles, et qu'ils aient apporté en Espagne quelqu'invention ou branche d'industrie utile ; ou qu'ils aient acquis dans le pays des biens pour lesquels ils payent une contribution directe ; ou qu'ils se soient établis dans le commerce avec un capital jugé assez considérable par les Cortès, pour qu'ils puissent acquérir cette qualité ; ou enfin, qu'ils aient rendu des services importans à la nation. (Art. 20).

Sont également citoyens les enfans légitimes des étrangers domiciliés en Espagne, qui, étant nés dans les possessions espagnoles, n'auront jamais quitté le pays sans permission du gouvernement, et qui, ayant vingt et une années accomplies, auront habité un pays quelconque des possessions espagnoles, et y auront exercé une profession, emploi ou industrie utile.

Afin que le chemin de la vertu et du mérite nécessaire pour devenir citoyen espagnol, reste ouvert aux espagnols considérés comme originaires de l'Afrique, les Cortès accorderont des lettres de naturalité à ceux qui, se trouvant dans ce cas, auront rendu des services marquans à la patrie, ainsi qu'à ceux qui se seront distingués par leurs talens, leur application ou leur conduite, à condition, néanmoins, qu'ils soient fils d'un mariage légitime et de pères *indigènes*, qu'ils soient eux-mêmes mariés à des femmes *indigènes* ; qu'ils soient établis en Espagne, et qu'ils y exercent quelque profession, emploi ou industrie utile, ayant un capital convenable.

D. Quelles sont les prérogatives dont jouissent les citoyens espagnols ?

R. La première et la principale est celle de concourir à l'élection des députés qui forment la représentation nationale, ou les *Cortès*, et en outre, de pouvoir occuper des emplois municipaux, et élire ceux qui doivent les remplir.

D. Y a-t-il des cas où l'on perd la qualité de citoyen espagnol ?

R. Il y en a quatre, 1o. lorsqu'on se fait naturaliser en pays étranger ;

2o. Lorsqu'on accepte des emplois d'un autre gouvernement ou que l'on entre à son service ;

3º. Lorsqu'ayant été condamné, par un jugement, à des peines afflictives ou infamantes, l'on n'obtient pas sa réhabilitation ;

4o. Lorsqu'on a résidé cinq années consécutives hors du territoire espagnol, sans commission ou permission du gouvernement.

D. Nulle autre cause ne peut-elle faire perdre la qualité de citoyen espagnol ?

R. Non, mais on est privé de l'exercice de ces droits dans les cas suivans: premièrement, en vertu d'un jugement qui déclare l'interdiction par suite d'incapacité physique ou morale ; secondement, lorsqu'on est déclaré banqueroutier frauduleux, ou que l'on a détourné des fonds publics ; troisièmement, en exerçant l'état de domesticité ; quatrièmement, lorsqu'on n'a ni emploi, ni place, ni aucun moyen d'existence connu ; et cinquièmement, tant que l'on est poursuivi criminellement. La constitution établit en outre, qu'à partir de 1830, il sera nécessaire de savoir lire et écrire pour pouvoir jouir des droits de citoyen. (Art. 25).

CINQUIÈME LEÇON.

Du Gouvernement.

D. Qu'est-ce que le gouvernement ?

R. Dans tous les pays, pour qu'il y ait de l'ordre et de la tranquilité, et que les forts ne puissent opprimer les faibles, il doit y avoir quelqu'un qui, du consentement général, gouverne et ordonne ce qu'il jugera le plus conforme à l'intérêt public. Les règles prescrivant les droits des gouvernans et des gouvernés, sont ce qui constitue un véritable gouvernement ; et, ainsi que nous l'avons déjà dit, on donne à ces règles le nom de lois fondamentales, servant à former la constitution du pays.

D. Ces règles sont-elles les mêmes dans tous les pays ?

R. Non, et c'est pour cela qu'il y a différentes formes de gouvernemens ; chez quelques nations la souveraineté n'est exercée que par un seul homme sans autre restriction que celle qu'il y met d'après sa propre volonté ; chez d'autres, quoique ce soit un seul homme qui y commande, certaines lois y règlent l'exercice du pouvoir ; chez d'autres encore, ce sont plusieurs personnes qui, élues par le peuple, tiennent les rênes du gouvernement pendant toute leur vie, ou pendant un temps déterminé ; et dans d'autres, enfin, l'exercice de la souveraineté se trouve partagé.

D. Comment cette division s'opère-t-elle ?

R. Lorsque les uns établissent une règle ou un principe, ce qui équivaut à faire des lois ; que d'autres les font exécuter, et que d'autres enfin, conformément à ces mêmes lois, terminent, par leurs décisions, les contestations ou les différens qui existent entre les individus.

D. Comment distingue-t-on ces trois pouvoirs ?

R. Le premier s'appelle pouvoir législatif, parce qu'il fait les lois ; le second, pouvoir exécutif, parce qu'il les fait exécuter ; et le troisième, pouvoir judiciaire, parce qu'il juge les cas particuliers qui se présentent, et leur applique ces mêmes lois.

D. Que résulte-t-il de cette différence de pouvoir ?

R. Que le gouvernement varie de forme selon les lois fondamentales de chaque pays.

3 *

D. Combien y-a-t-il de formes de gouvernement ?

R. La distribution des trois pouvoirs mentionnés peut être faite de différentes manières et avec des modifications distinctes, d'où il suit qu'il y a diverses formes de gouvernement qui se réduisent à trois principales, nommées gouvernement despotique ou absolu, gouvernement monarchique et gouvernement républicain.

D. En quoi consiste le gouvernement despotique ?

R. En ce que les trois pouvoirs, législatif, exécutif et judiciaire, se trouvent réunis en une seule personne qui fait les lois selon sa volonté, les exécute selon son bon plaisir, et les applique arbitrairement ; et comme les sujets n'ont d'autre liberté, d'autre propriété et d'autre sûreté que celle qu'il plaît au despote de leur accorder, on les appelle des esclaves.

D. Existe-t-il quelque part un semblable gouvernement ?

R. Sans doute, notamment en Asie et en Afrique ; et pour en donner une idée plus juste, il suffira d'en donner un exemple : à Maroc, où le gouvernement est despotique, l'empereur fait appeler un de ses sujets contre qui un autre a porté plainte, pour un fait qui n'est défendu par aucune loi, mais qui lui déplaît, et lui fait ôter la vie ou le condamne à une peine quelconque. L'empereur de Maroc exerce donc en même temps les trois pouvoirs, ou les trois autorités, législa-

tive, exécutive et judiciaire : la première, en établissant une loi pour un cas particulier ; la seconde,
en la faisant exécuter ; et la troisième, en l'appliquant
lui-même. Un semblable arbitraire est exercé à l'égard
de tout autre, et comme les fonctionnaires subalternes se
conduisent de la même manière, la vie et la fortune
des malheureux qui vivent sous un tel despotisme,
dépendent du caractère plus ou moins méchant de ceux
qui gouvernent.

D. En quoi consiste un gouvernement monarchique?

R. En ce qu'une personne seule, que l'on nomme
monarque, exerce perpétuellement et exclusivement le
pouvoir exécutif avec la direction suprême sur la justice. Mais néanmoins, tout doit s'y faire conformément
aux lois fondamentales dont le souverain tient son pouvoir, et desquelles par conséquent, il ne peut s'écarter
sans tomber dans le despotisme.

D. Comment peut-on empêcher un gouvernement
de devenir despotique ?

R. En établissant par des lois fondamentales qui,
comme nous l'avons dit, forment la constitution d'une
nation, certaines institutions qui servent de barrière au
pouvoir exécutif. C'est parce que nous en avons man-
qué en Espagne, que nos rois sont devenus despotes.
Aussi, éprouvons-nous à présent les tristes consé-
quences d'un semblable désordre.

D. En quoi consiste le gouvernement républicain?

R. En ce que tout le peuple, d'après certains rè-glemens ou certaines lois, et sous des conditions éta-blies, exerce par lui-même la puissance législative, et confie le pouvoir exécutif et le pouvoir judiciaire à des personnes choisies par lui pour un temps dé-terminé.

D. N'existe-t-il pas d'autres formes de gouverne-ment?

R. Il en existe d'autres, mais qui ne sont que des mo-difications des trois précédentes, que l'on peut re-garder comme étant les formes primordiales. Tels sont les gouvernements aristocratique, mixte, oligarchique, ochlocratique et tyrannique.

D. Qu'est-ce que le gouvernement aristocratique?

R. Le gouvernement aristocratique est une grada-tion du gouvernement républicain ou démocratique, qui, dans son véritable sens, équivaut au gouverne-ment exercé par les hommes les plus capables; mais les difficultés qui s'opposent à ce qu'un gouvernement soit composé des meilleurs sujets de toute une nation, ont fait nommer aristocratique celui dans lequel les nobles seulement exercent le pouvoir.

D. Qu'est-ce qu'un gouvernement mixte?

R. Un gouvernement qui, par la distribution des pouvoirs législatif, exécutif et judiciaire, se trouve par-ticiper des différentes formes de gouvernement.

D. Quel est celui que l'on appelle oligarchique?

R. Un gouvernement vicieux dans lequel quelques personnes ont usurpé et exercent arbitrairement les pouvoirs législatif et exécutif.

D. Et le gouvernement ochlocrachique ?

R. C'est un autre genre de gouvernement également vicieux, dans lequel la multitude s'empare de l'autorité, l'exerce tumultueusement et en désordre, et qui finit par devenir anarchique par l'absence totale de tout gouvernement.

D. Qu'est-ce qu'un gouvernement tyrannique ?

R. Un gouvernement odieux sous lequel un particulier exerce illégitimement l'autorité suprême.

D. Quel est le meilleur de tous ces gouvernemens ?

R. Ce n'est assurément ni le despotique, ni l'oligarchique, ni l'ochlocrachique, ni le tyrannique, lesquels, étant tous vicieux ainsi que nous l'avons déjà vu, ne peuvent être que mauvais. S'il en existe de cette nature, c'est parce qu'ils sont soutenus par une force à laquelle le peuple subjugué ne peut résister, comme cela se rencontre maintenant en Espagne, où nous gémissons sous le joug du gouvernement intrus.

D. Parmi les gouvernemens justes, quel est celui qui mérite la préférence ?

R. Tous sont bons lorsque les pouvoirs sont bien en équilibre, qu'il n'y a de prépondérance illégale d'aucun côté, qu'aucun ne puisse tomber dans des extrèmes vicieux, et que les droits des citoyens soient à l'abri de l'arbitraire. Cependant, pour les états peu considérables, on peut regarder le gouvernement républicain comme préférable aux autres, attendu que c'est celui qui exige des citoyens un moindre sacrifice de leur part de liberté individuelle ; mais pour une grande nation, le gouvernement monarchique constitutionnel est celui qui lui convient le mieux, parce que l'étendue de son action devant être en raison de celle des états sur lesquels elle agit, si le pouvoir exécutif ne se trouvait pas bien concentré, une infinité de causes contribueraient à l'affaiblir.

D. Qu'entend-on par monarchie constitutionnelle?

R. Une monarchie juste, réglée par les lois fondamentales, sans lesquelles le gouvernement serait, non pas monarchique, mais despotique.

D. Quel titre prend celui qui, dans un gouvernement monarchique, exerce l'autorité suprême ?

R. Il peut prendre divers titres, mais le plus commun est celui de *Roi*.

D. De quelle nature est le gouvernement d'Espagne ?

R. Le gouvernement de la nation espagnole est une monarchie modérée, héréditaire. (Art. 14).

D. D'après cela, quelle est la *collocation* ou la distribution des trois autorités législative, exécutive et judicaire?

R. Le pouvoir de faire les lois réside à-la-fois dans les *Cortès* et dans le Roi.

D. De manière que le roi intervient aussi dans la formation des lois ?

R. Dans la Constitution, on a jugé nécessaire de concéder au Roi cette prérogative, par les raisons et de la manière que nous expliquerons plus tard.

D. Chez qui réside le pouvoir de faire exécuter les lois, autrement, le pouvoir exécutif ?

R. Dans le Roi.

D. Et qui a la puissance judiciaire, c'est-à-dire, celle d'appliquer les lois dans les procès civils ou criminels ?

R. Les tribunaux établis par la loi.

D. Qu'entend-on par *établis par la loi ?*

R. Que personne n'a la faculté de juger, si ce n'est un tribunal ou un magistrat créé et institué en vertu d'une loi faite par les *Cortès*, en sorte que le roi ne peut plus former de tribunaux spéciaux, ni-désigner ou charger particulièrement un magistrat de juger qui que ce soit. Les Espagnols, dans quelques circonstances que ce soit, doivent être jugés par un tribunal compétent.

SIXIÈME LEÇON.

Des Cortès.

D. Qu'est-ce que les *Cortès?*

R. La réunion de tous les députés qui représentent la nation, nommés librement par les citoyens pour la confection des lois. (Art. 27).

D. Comment les citoyens nomment-ils leur députés?

R. De la manière établie par la constitution.

D. De combien de députés se composent les *Cortès?*

R. D'autant de citoyens espagnols, tant de la péninsule que d'outre-mer, qu'il y a de fois soixante-dix mille ames,

D. Qui convoque les Cortès?

R. La constitution elle-même qui, comme loi fondamentale, détermine que tous les deux ans, à une époque fixe, de nouveaux députés doivent être élus en remplacement de ceux qui ont exercé pendant les deux années précédentes; en sorte que la représentation nationale, par les *Cortès,* est permanente, quoique les sessions ne durent qu'un certain temps.

D. Quelles sont les qualités requises pour être élu député aux Cortès?

R. Il faut jouir des droits de citoyen, avoir au moins 25 ans d'âge, être né dans la province par laquelle on est nommé, ou y être établi depuis sept ans. On peut, d'ailleurs, choisir indifféremment des individus ecclésiastiques, non-réguliers ou réguliers.

D. Y-a-t-il des personnes qui, avec ces qualités, ne puissent cependant être députés aux *Cortès?*

R. Oui : les secrétaires d'état, les conseillers d'état et toute personne employée dans la maison du Roi; les étrangers, alors même qu'ils auraient obtenu des lettres de naturalité, et les Infants d'Espagne ne peuvent être députés. Tout fonctionnaire public, nommé par le gouvernement, ne peut non plus être nommé par la province où il exerce ses fonctions. (Art. 95, 96, 97 et 205).

D. Pourquoi ces personnes sont-elles exclues ?

R. Afin que le pouvoir exécutif dont elles dépendent très-immédiatement, n'ait point une influence directe sur le pouvoir législatif : ce qui constitue un bon gouvernement étant l'équilibre, il importe d'éviter tout ce qui pourrait contribuer à le détruire, et il serait à craindre qu'une influence trop forte du premier de ces pouvoirs sur l'autre, ne devînt funeste à l'état. C'est par la même raison que la constitution déclare les députés inviolables; que, dans aucun cas, dans aucun temps, ni par aucune autorité, ils ne peuvent être attaqués ni accusés en justice, quelles qu'aient été les

opinions par eux manifestées ; et que pendant les sessions, on ne peut les attaquer en justice ni les exécuter
pour dettes. Il y a plus ; même dans les causes criminelles qu'on pourrait leur intenter, ils ne sont justi-
ciables que du tribunal des *Cortès*, de la manière et selon les formes déterminées par le règlement des mêmes
chambres.

D. Mais dans le cas où le pouvoir exécutif, ou le Roi,
aurait intérêt à gagner des individus du corps législatif,
afin d'usurper quelque autorité au détriment du bien
général, ne pourrait-il pas y parvenir par des dons ou
des promesses ?

R. Non, attendu qu'aucun député ne peut, pendant
la durée de ses fonctions et un an après leur expira-
tion, accepter ni solliciter pour qui que ce soit, des
emplois, des pensions ou décorations quelconques,
accordés par le Roi. Il lui est également interdit d'a-
voir de l'avancement, autre que celui auquel il se
trouverait avoir le droit, d'après son rang dans l'é-
chelle de la carrière qu'il parcourt. (Art. 129 et 130).

D. Quelles sont les attributions des *Cortès* ?

R. 1°. De faire les lois, de les interpréter et de les
abroger si le cas l'exige ;

2°. De recevoir le serment du Roi, du prince des
Asturies et de la Régence, ainsi qu'il est stipulé par la
constitution ;

3°. De décider toute contestation de fait ou de droit

qui pourrait s'élever, relativement à la succession au trône;

4º. De nommer une régence ou d'élire un régent du royaume dans le cas prévu par la constitution, et d'assigner les limites de l'autorité royale exercée par la régence ou le régent;

5º. De proclamer le prince des Asturies;

6º. De nommer un tuteur du Roi, pendant sa minorité, dans le cas prévu par la constitution;

7º. D'approuver, avant leur ratification, les traités d'alliance offensive et des subsides, ainsi que les traités du commerce;

8º. D'accorder ou de refuser l'admission ou l'entrée de troupes étrangères dans le royaume;

9º. De décréter la création ou la suppression des places dans les tribunaux établis par la constitution, ainsi que la création ou la suppression d'autres emplois publics;

10º. De fixer tous les ans, sur la proposition du Roi, les forces de terre et de mer, en déterminant celles que l'on tiendra sur pied en temps de paix, et l'augmentation qu'elles doivent avoir en temps de guerre;

11º. De faire les ordonnances relatives à tout ce qui concerne l'armée de terre, la milice nationale et la marine;

12º. De fixer les dépenses de l'administration publique;

13o. D'établir annuellement les contributions et les impôts ;

14o. De faire les emprunts en cas de besoin, sous la garantie de la nation ;

15o. D'approuver la répartition des contributions entre les provinces ;

16o. D'examiner et d'approuver l'emploi des fonds publics ;

17o. D'établir les douanes ainsi que les tarifs pour la perception des droits ;

18o. De prendre les mesures qu'elles jugeront nécesaires pour l'administration, la conservation et l'aliénation des biens nationaux ;

19o. De déterminer la valeur, le poids, l'alliage, le type et la dénomination des monnaies ;

20o. D'adopter le système de poids et mesures que l'on jugera le plus commode et le plus avantageux ;

21o. De proposer et dé provoquer toute espèce d'industrie, et de lever les obstacles qui pourraient s'opposer à son developpement ;

22o. D'établir le plan général d'enseignement public dans toute la monarchie, et d'approuver celui qui sera adopté pour l'éducation du prince des Asturies ;

23o. D'approuver les réglemens généraux concernant la police et la salubrité du royaume ;

24o. De protéger la liberté politique de la presse ;

25o. De rendre réelle la responsabilité des ministres, ainsi que celle de tous les employés du gouvernement.

26º. Enfin les *Cortès* ont le droit de donner ou de refuser leur consentement dans tous les cas et à tous les actes, pour lesquels il est déclaré nécessaire par la constitution.

SEPTIÈME LEÇON.

De la Confection des lois et de la Sanction du Roi.

D. SUFFIT-IL que les *Cortès* décrétent une loi pour qu'elle soit mise en exécution ?

R. Non, il faut que le Roi l'approuve ou la sanctionne; c'est pourquoi nous avons dit que le pouvoir de faire les lois réside dans les *Cortès* et dans le Roi, à la fois.

D. Quelles formalités doivent suivre les *Cortès* pour la confection des lois ?

R. Celles que prescrit la constitution.

D. Comment nomme-t-on l'acte par lequel le Roi rejette la loi ?

R. On le nomme *veto*. Ce mot vient de *vetare* (empêcher *vedare*).

D. Ainsi, lors même que les *Cortès* font une loi, si le Roi ne l'approuve pas, elle reste sans effet ?

R. Ce pouvoir du souverain a un terme ; car si les

Cortès décrètent une loi pendant trois sessions consécutives, le Roi est obligé de la sanctionner, d'ordonner
qu'elle soit promulguée, et de la faire observer quand
même il aurait refusé de l'approuver les deux premières
années. (Art. 147, 148, 149).

D. Pourquoi accorde-t-on au Roi cette intervention
dans la formation des lois, faculté qui n'appartient
qu'à la puissance législative ?

R. Pour mieux atteindre la perfection, en évitant
la précipitation, ou l'emportement avec lequel les
Cortès pourraient agir dans quelques circonstances, la
constitution trace les voies à suivre, et prescrit les formes à observer par les *Cortès* pour faire les lois ou pour
les abroger, ainsi que la manière dont le Roi les sanctionne et les promulgue.

D. Les sessions des *Cortès* durent-elles toute l'an-
née ?

R. Non ; trois mois seulement, à partir du 1 er. mai.
Elles peuvent être prorogées si le Roi le demande, ou
si les *Cortès* le décident à la majorité des *deux tiers*
des votes. (Art. 106 et 107).

HUITIÈME LEÇON.

De la Députation permanente.

D. DANS l'intervalle des sessions, tous les députés se dispersent-ils?

R. Non ; il en reste toujours une commission permanente composée de sept membres, dont 3 Espagnols, 3 Américains, et le 7me. tiré au sort. (Art. 157).

D. Quelles sont les attributions de cette commission ?

R. La principale est de veiller à ce que la constitution et les lois soient observées : s'il y a été fait des infractions, elle en rend compte à la prochaine session des *Cortès.* Elle peut convoquer les *Cortès* extraordinaires dans les cas prescrits par la constitution.

NEUVIÈME LEÇON.

Des Cortès extraordinaires.

D. COMMENT se composent les *Cortès extraordinaires ?*

4

R. Des mêmes députés qui composaient les *Cortès* ordinaires pendant les deux années de leur députation. (Art. 161).

D. Pourquoi les appelle-t-on *extraordinaires* ?

R. Parce qu'elles sont convoquées à des époques où il n'y a point de sessions.

D. Dans quelles circonstances doivent-elles être convoquées ?

R. 1°. Quand le trône vient à vaquer ;

2°. Quand le Roi devient inhabile à gouverner par une cause quelconque ;

3°. Quand il veut abdiquer en faveur de son successeur ;

4°. Lorsque dans des circonstances difficiles, et pour des affaires critiques et épineuses, le Roi jugerait convenable de les réunir. (Art. 162).

D. Convoquées de la sorte, les Cortès peuvent-elles s'occuper de toutes sortes d'affaires, comme à l'ordinaire ?

R. Elles ne peuvent s'occuper que de l'affaire qui a nécessité leur convocation. (Art. 163).

DIXIÈME LEÇON.

Du Roi.

D. Qu'est-ce que le Roi ?

R. La personne au nom de laquelle tout est exécuté dans un gouvernement monarchique.

D. De qui reçoit-il son autorité ?

R. De la nation qu'il gouverne.

D. Que prescrit la constitution à l'égard du Roi?

R. Que sa personne est sacrée et inviolable, et n'est assujétie à aucune espèce de responsabilité. (Art. 168).

D. Pourquoi donne-t-on au Roi ce caractère ?

R. D'abord, parce qu'on suppose que le Roi ne peut, à moins d'avoir été trompé, rien entreprendre contre les lois qui font la base de son autorité, et pour l'exécution desquelles il a été placé si haut. Ensuite, parce que si sa personne était responsable d'une manière quelconque, cela donnerait lieu à des critiques continuelles qui causeraient de grands malheurs et des troubles dans la nation ; et finalement, pour inspirer aux sujets tous les sentimens de vénération, de respect.

et de soumission que le bien général réclame pour celui qui est chargé de l'exécution des lois, de la tranquilité publique, et de la sûreté de l'état.

D. Quel est le titre que l'on donne au Roi ?

R. Celui de *Majesté catholique.*

D. Quelles sont ses attributions ?

R. En lui réside exclusivement, ainsi que nous l'avons dit, le pouvoir de faire exécuter les lois, et son autorité s'étend sur tout ce qui peut concourir à la conservation de l'ordre dans l'intérieur, à la sûreté de l'état à l'extérieur, et au bien public en général, en se conformant à la constitution et aux lois. (Art. 179).

D. Le Roi n'a-t-il pas d'autres prérogatives ?

R. Il a aussi celles de sanctionner les lois et de les promulguer. A cet effet il a le droit,

1º. Déxpédier les décrets, les réglemens, et les instructions qu'il juge nécessaire pour l'exécution des lois ;

2º. De veiller à ce que dans tout le royaume, la justice soit promptement et strictement administrée ;

3º. De déclarer la guerre et de faire la paix, en rendant compte aux *Cortès* ;

4º. De nommer les juges de tous les tribunaux tant civils que militaires, d'après la présentation du conseil d'état ;

5º. De nommer à tous les emplois civils et militaires ;

6°. De présenter pour tous les évêchés et pour toutes les dignités et benéfices ecclésiastiques, d'après la proposition du conseil d'état ;

7°. D'accorder des honneurs et des distinctions de toute espèce ;

8°. De commander les armées et de nommer les généraux ;

9°. De disposer de la force armée en l'employant de la manière la plus convenable ;

10°. De diriger les relations diplomatiques et commerciales avec les autres puissances, et de nommer les ambassadeurs, ministres et consuls près ces mèmes puissances ;

11°. D'ordonner la fabrication des monnaies , lesquelles seront à son effigie et son nom ;

12°. De décréter le versement des fonds destinés à chacune des branches de l'administration publique ;

13°. De faire grace aux coupables, en suivant les règles prescrites ;

14°. De proposer aux *Cortès* de nouvelles lois ou la réforme de celles qui existent , selon qu'il le jugera convenable pour le bien de la nation ;

15°. D'accorder ou d'arrêter l'éxcution des bules ou décrets du pape, avec le consentement des *Cortès*, si ces bules ou décrets contiennent des dispositions générales ; ou après avoir entendu le conseil d'état, si elles ont pour objet des affaires particulières ou de gouvernement, et si elles ont rapport à des points contentieux, en communiquant la connaissance qu'il en a prise et sa décision, au tribunal suprême de justice, pour que celui-ci statue conformément aux lois;

16º. De nommer et de destituer à sa volonté les secrétaires d'état ainsi que les ministres.

D. La constitution, en lui accordant toutes ces prérogatives, n'y met-elle aucune restriction?

R. Les restrictions mises à l'autorité du Roi sont les suivantes :

1º. Le Roi ne peut, sous quelque prétexte que ce soit, empêcher la réunion des *Cortès* aux époques et dans les cas déterminés par la constitution ; il ne peut non plus ni les suspendre ni les dissoudre, ni entraver en aucune manière leurs sessions, ou leurs délibérations. Ceux qui le conseilleraient ou l'aideraient à faire des actes semblables, seraient déclarés traîtres à la nation et poursuivis comme tels.

2º. Le Roi ne peut quitter le territoire espagnol sans le consentement des Cortès, et serait considéré comme ayant abdiqué la couronne, s'il violait cette disposition.

3º Le Roi ne peut en aucune façon aliéner, céder, ou transmettre l'autorité royale, ni aucune de ses prérogatives. Si par un motif quelconque il voulait abdiquer en faveur de son successeur immédiat, il ne pourrait le faire qu'avec le consentement des *Cortès*.

4º. Le Roi ne peut aliéner, céder, ou échanger aucune province, ville, bourg, ou même la plus petite portion quelle qu'elle soit, du territoire espagnol;

5°. Il est défendu au Roi de faire aucune alliance offensive, ni aucun traité spécial de commerce avec une puissance quelconque, sans le consentement des *Cortès*;

6°. Il ne peut non plus s'engager par aucun traité à donner des subsides à une puissance étrangère, sans que ce soit du consentement des Cortès;

7°. Le Roi ne peut non plus céder ni aliéner les biens nationaux sans le consentement des *Cortès*;

8°. Il n'est point permis au Roi d'établir, de sa propre volonté, des contributions soit directes, soit indireces, ni de faire un emprunt sous quelque dénomination ou pour quelque objet que ce soit, sans que les *Cortès* l'aient décrété;

9°. Il n'est point permis au Roi d'accorder des privilèges exclusifs à personne ni à aucune corporation;

10°. Le Roi ne peut jamais s'emparer de la propriété d'un simple particulier ni d'une corporation; il ne peut gêner personne dans la jouissance de ses biens, ni porter atteinte au profit ou bénéfice qu'elle en retire. Et s'il est reconnu, dans telle ou telle circonstance, que le bien général exige qu'on s'empare ou que l'on dispose de la propriété d'un particulier, le Roi ne pourra le faire qu'en indemnisant ce particulier d'une manière satisfaisante, et d'après l'estimation qui aura été faite de son bien, par des experts intelligens et intègres;

11°. Le Roi n'est point le maître de priver qui que

ce soit de sa liberté , ni de lui infliger de son autorité privée une peine quelconque. Le ministre qui aurait signé l'ordre, le juge ou le fonctionnaire qui l'aurait exécuté, seraient responsables envers la nation, et punis comme coupables d'attentat à la liberté individuelle. Dans le cas seulement où le bien et la sûreté de l'état exigeraient l'arrestation d'une personne, le Roi pourra en donner l'ordre ; mais cette personne devra être mise dans les 48 heures, à la disposition du tribunal ou du juge compétents ;

12o. Le Roi ne peut contracter mariage sans en avoir, auparavant, fait part aux *Cortès* ; dans le cas où il ne remplirait pas cette formalité, il serait censé avoir abdiqué la couronne. (Art. 172).

D. Si le Roi ne peut pas établir ou lever des contributions ainsi qu'il est stipulé par la huitième restriction, comment pourra-t-il subvenir aux dépenses que nécessite la dignité de son rang ?

R. Le Roi ne pourra plus, comme autrefois, lever des contributions , sans autre objet que de satisfaire la cupidité des hommes pervers qui l'entouraient. Maintenant les *Cortès* lui assigneront, pour toute sa maison , une dotation annuelle proportionnée à sa haute dignité : il en sera de même à l'égard du prince des Asturies, des Infants, etc... et ces dotations de la maison du Roi et de sa famille, seront fixées par les *Cortès* au commencement de chaque règne et ne pourront être changées pendant sa durée. Ces dotations, ou listes civiles, seront payées par le trésor national qui en versera le montant entre les mains de l'administrateur que le Roi aura nommé pour le recevoir. (Art. 213 jusqu'à 221).

D. N'est-il pas humiliant pour un Roi de se voir ainsi gêné dans l'exercice de son pouvoir ?

R. Les bornes mises à sa puissance garantissent la liberté des citoyens : la plus grande gloire comme la plus grande force d'un souverain est de commander à des hommes libres. Que l'on compare le Roi d'Espagne avec l'empereur de Turquie, et que l'on juge lequel des deux trônes est préférable à l'autre.

D. Quelles sont les autres mesures prises par la constitution, concernant le Roi.

R. Elle a établi l'ordre de succession à la couronne; fixé la majorité du Roi; déterminé le mode d'après lequel devra être formée la régence lorsque le cas l'exigera; prescrit les formules du serment que le Roi et le Prince des Asturies devront prêter aux Cortès, etc. etc. (Art. 173 jusqu'à 212).

ONZIÈME LEÇON.

Des Ministres secrétaires d'Etat.

D. LA personne du Roi étant inviolable, si par malheur il arrivait qu'il ordonnât quelque chose de con-

traire à la constitution et aux lois, qui serait responsable de la prévarication ?

R. Le ministre secrétaire d'état qui aurait contre-
signé l'ordre. (Art. 226).

D. Que sont les ministres secrétaires d'état ?

R. Des hommes de confiance, choisies par le Roi
pour l'aider dans les affaires du gouvernement.

D.Combien de minitres ou secrétaires d'état, la constitution accorde-t-elle au Roi ?

R. Sept, laissant d'ailleurs sur ce point, aux *Cortès*
ordinaires, la faculté d'augmenter ce nombre quand
elles le jugeront convenable. (Art. 222).

D. Comment ces ministres sont-ils classés ?

R. De la manière suivante :

1º. Le ministre secrétaire d'état, chargé des affaires
diplomatiques, telles que les relations avec les cours
étrangères, et la nomination des ambassadeurs, ministres et consuls près les autres puissances ;

2º. Celui qui a dans ses attributions l'administration
politique et économique de la péninsule, telles que la
police, la salubrité publique, les arts, l'agriculture,
l'industrie, les prisons, les hôpitaux, les postes, etc. ;

3º. Celui qui est chargé du département des colonies, tant en Amérique qu'en Asie ; ses attributions, à
l'égard de ces colonies, sont les mêmes que celles du
ministre de l'intérieur, sauf les postes ;

4º. Celui dit de grâce et justice, par l'intermédiaire

duquel sont faites par le Roi ou par la régence, les nominations aux évêchés, canonicats et bénéfices, ainsi qu'à toutes les places de judicature et de magistrature; il est chargé également de tout ce qui a rapport à la marche et à la célérité de l'administration comme à la promptitude de la justice, dans l'un comme dans l'autre hémisphère;

5o. Celui des finances, qui comprend dans son département tout ce qui est relatif aux dépenses et recettes du trésor public dans les deux hémisphères, comme à la perception et à la répartition les impôts, etc.;

6o. Celui de la guerre, auquel appartient la nomination ou la proposition de nomination à tous les emplois militaires, en se conformant aux réglemens;

7o. Celui de la marine, lequel est chargé de tout ce qui concerne les armées navales ; de la nomination aux emplois, aux commandemens, etc.

D. Dans le cas où l'un de ces ministres *contresigne* un ordre du Roi contraire aux lois, qui lui en demande compte ?

R. La nation ; c'est-à-dire les *Cortès*, aux termes et dans les formes voulues par la constitution.

D. Et si dans ce cas le ministre alléguait qu'il n'a fait qu'obéir aux ordres du Roi ?

R. Une pareille excuse ne le justifierait point, parce que, si par hasard le Roi lui ordonnait quelque chose de contraire à la constitution ou aux lois, il serait de son devoir de lui représenter tous les inconvéniens qui en résulteraient ; et si malgré ses représentations le Roi insistait, il devrait demander sa démission plutôt que de se prêter à une violation de la loi. (Art. 226).

D. Et si l'ordre n'était signé que du Roi ?

R. Alors ce serait celui qui l'aurait exécuté qui serait puni : attendu que, pour éviter cette circonstance ou cet inconvénient, la constitution prescrit qu'aucun tribunal, aucun fonctionnaire public ne doit exécuter des ordres du Roi, qui ne seraient point contresignés par un ministre secrétaire d'état. (Art. 221).

DOUZIÈME LEÇON.

Du Conseil d'état.

D. MAIS le Roi et les ministres ne pourraient ils pas se tromper sans le vouloir ?

R. Pour obvier à cet inconvénient, et autant pour ne point laisser d'excuse aux ministres que pour ne point leur accorder une trop grande influence, on a établi un conseil d'état dont le Roi est obligé d'entendre l'avis (sans toutefois être tenu de le suivre) dans les affaires graves, comme, par exemple, quand il s'agit de donner ou de refuser sa sanction aux lois, de déclarer la guerre ou de faire des traités. (Art. 236).

D. De combien de personnes se compose le conseil d'état?

R. De quarante: il doit y avoir quatre ecclésiastiques d'un mérite reconnu, dont deux doivent être évêques, et quatre grands d'Espagne possédant les vertus, les talens et les connoissances nécessaires. Les autres sont choisis parmi les citoyens les plus distingués par leurs lumières et leurs connaissances, ou qui auront rendu le plus de services à l'état, dans une branche quelconque de l'administration. Douze de ces conseillers au moins, doivent être nés dans les colonies (Art. 231, 232).

D. Par qui sont ils nommés ?

R. Par le Roi. Mais pour éviter que la dépendance dans laquelle ils se trouvent de S. M. ne porte atteinte à la liberté de leurs opinions, et ne les engage à condescendre, malgré leur conscience, à la volonté du souverain, les *Cortès* proposent trois sujets des trois classes différentes, et qui ne soient point des députés. Le Roi choisit dans le nombre celui qu'il préfère ; mais une fois nommé, il ne peut être renvoyé par le Roi, sans avoir été préalablement jugé par le tribunal suprême (Art. 233, 234, 239).

D. Ce conseil n'a-t-il d'autres attributions que de donner son avis lorsque le Roi le consulte?

R. Il jouit aussi de celle de proposer au Roi, trois candidats pour la nomination à tous les bénéfices ecclésiastiques et pour les promotions aux places de magistrature (Art. 237).

TREIZIÈME LEÇON.

Des Tribunaux.

D. A̅insi donc le Roi ne peut pas nommer arbitrairement les juges ou membres des tribunaux ?

R Non : parce que, les juges exerçant la puissance judiciaire, et les pouvoirs étant distincts, comme nous l'avons vu, il convient qu'ils ne soient dépendants les uns des autres qu'autant que c'est nécessaire pour maintenir l'équilibre et l'union qui doivent régner entre eux.

D. Quel invonvénient y aurait-il à ce que les juges et les magistrats fussent dans une dépendance absolue du Roi ?

R. Les mêmes inconvéniens que si les *Cortès* dépendaient de lui ; car si tout le monde était à la disposition du souverain, le Roi serait l'arbitre absolu de la vie, de l'honneur et des biens de chaque Espagnol, et alors le gouvernement deviendrait despotique ; et, comme nous l'avons déjà dit, sous un tel gouvernement chaque citoyen est esclave, la liberté n'existant qu'autant qu'on ne dépend que des lois.

D. Quelles sont les dispositions de la constitution, qui établissent cette indépendance ?

R. D'abord, l'application des lois, dans les causes

civiles et criminelles, appartient exclusivement aux tribunaux ; et de même que la constitution établit que les juges et les magistrats seront nommés par le Roi sur la présentation du conseil d'état, elle défend aussi qu'ils soient renvoyés de leurs emplois ou fonctions, temporaires ou perpétuelles, sans motifs légalement prouvés, ni suspendus à moins qu'il n'y ait contre eux une accusation légalement intentée. Dans tout autre cas, ni les *Cortès*, ni le Roi, ne peuvent exercer les fonctions judiciaires, ni évoquer une cause, ni ordonner la remise en cause d'une affaire jugée. (Art. 242, 243, 252).

D. Quelle différence y a-t-il entre les causes civiles et les causes criminelles ?

R. Les causes civiles sont celles que l'on nomme communément des *procès*, et dans lesquelles on conteste la propriété d'un bien, le paiement ou l'acquit d'une dette, etc. Les causes criminelles, autrement appelées *affaires criminelles*, reposent sur l'action que le pouvoir judiciaire exerce lorsque quelqu'un est accusé d'un délit ou d'un crime, pour connaître si le prévenu l'a réellement commis, et pour lui en appliquer la peine infligée par la loi.

D. Qui détermine l'ordre et les formes des procès ?

R. Les lois qui doivent être les mêmes dans tous les tribunaux, et que ni le Roi ni les *Cortès* ne peuvent enfreindre. (Art. 244).

D. Ainsi, les mêmes formalités doivent être observées pour juger un riche comme un pauvre, un homme titré comme un artisan, un noble comme un paysan ?

R. Sans doute, tous sont égaux devant la loi, et c'est de cette égalité que beaucoup de gens, soit par ignorance, soit par malveillance, ont prétendu conclure que les distinctions et les rangs étaient abolis.

D. Mais lorsqu'on aurait intérêt à protéger ou à poursuivre quelqu'un, ne pourrait-on pas le faire juger par une commission spéciale, pour laquelle on nommerait les juges que l'on croirait les plus convenables ?

R. Non, car, la constitution établit en principe que nul Espagnol ne peut être jugé, soit au civil, soit au criminel, par une commission, mais seulement par un tribunal compétent et désigné par la loi. (Art. 247).

D. Les tribunaux sont-ils chargés d'autres affaires que des procédures ?

R. Afin qu'il y ait une véritable division de pouvoirs, ce qui constitue et qui assure le plus la liberté des citoyens, les tribunaux ne peuvent exercer d'autres fonctions que celles de juger et faire exécuter les jugemens, sans pouvoir néanmoins arrêter l'exécution des lois, ni faire aucun règlement concernant l'administration de la justice. (Art. 245, 246).

D. Si un juge ou un magistrat manque à ses devoirs, quelle est l'autorité qui peut le juger et qui a le droit de le punir ?

R. Pour concilier l'indépendance des magistrats et

des juges , avec leur responsabilité , la constitution ordonne que si l'on porte plainte au Roi contre un magistrat, et que la plainte paraisse fondée, S. M. pourra,
son conseil d'état entendu , le suspendre dans ses
fonctions en envoyant immédiatement , au tribunal suprême, le rapport qui lui aura été fait, afin que le prévenu
soit jugé conformément aux lois. Les cours royales sont
investies du droit de prendre connaissance des causes de suspension ou de destitution des juges infé-
rieurs de leur ressort respectif. (Art 255 et 263).

D. Quels sont les tribunaux établis par la constitution ?

R. Un tribunal suprême de justice , les audiences
et les juges de première instance.

D. Quelles sont les attributions du tribunal suprême de justice ?

R. Elles sont toutes déterminées par la constitution : les principales sont de juger les ministres et secrétaires d'état , lorsque les *Cortès* décrètent leur mise
en jugement ; de prendre connaissance des causes ou
motifs de la suspension ou destitution des conseillers
d'état et des magistrats. (Art. 261).

D. Quels sont les devoirs des tribunaux du second ordre ?

R. D'établir les bases pour que justice soit faite
promptement, tant dans le civil qu'au criminel, en
référant aux tribunaux supérieurs, qui doivent juger en dernier ressort dans leur arrondissement

respectif, pour plus grande commodité des plaidans comme des accusés. (Art. 262 jusqu'à 272).

QUATORZIÈME LEÇON.

De l'administration de la justice.

Un juge peut-il procéder contre quelqu'un suivant son bon plaisir ?

R. Si les juges avaient une telle faculté, la division des pouvoirs deviendrait inutile : l'arbitraire que cette disposition a pour objet d'empêcher, même de la part de l'autorité royale, passerait ainsi dans les tribunaux ; au lieu d'un despote, on en aurait autant qu'il y a de juges.

.D Quelles sont les bornes de l'autorité des juges ?

R. Les lois les ont posées ; les juges deviennent personnellement responsables de toute infraction commise par eux dans les affaires civiles ou criminelles. En cas de subornation ou de prévarication, on peut en outre leur intenter une *cause populaire*, c'est-à-dire, que quiconque saurait qu'un juge a enfreint ses devoirs en s'écartant des dispositions de la loi, pour de l'argent, ou par déférence, a le droit de l'accuser en justice, alors même qu'il ne serait point partie intéressée dans l'affaire où le juge aurait prévariqué. (Art. 554 et 255).

D. De cette manière, personne ne peut être arrêté ni emprisonné arbitrairement ?

R. Non, et pour éviter encore davantage tout acte arbitraire, et garantir la liberté individuelle, toutes les fois qu'elle sera compatible avec la liberté générale, qui consiste en ce que les délits ne restent point impunis; la constitution établit qu'aucun Espagnol ne peut être arrêté, sans que préalablement on ne prenne connaissance des faits, et que ces faits ne l'exposent à subir une punition corporelle ; ni sans une ordonnance par écrit de la part du juge, laquelle lui sera notifiée au moment de son arrestation. (Art. 287).

D. Mais alors celui qui serait trouvé faisant un vol, ou un meurtre, ou tout autre crime, aurait donc la facilité de s'échapper avant qu'on pût l'arrêter ?

R. S'il est surpris en flagrant délit, non-seulement le délinquant peut être arrêté par une autorité quelconque ou par l'un de ses agens, mais encore il peut être arrêté par la première personne venue, et conduit par elle devant la justice. (Art. 292).

D. Quelles sont les formalités que l'on a à remplir pour mettre quelqu'un en prison ?

R. Afin d'éviter tout abus et toute surprise, lors-

5*

qu'on décidera que la personne arrêtée doit aller en prison, ou qu'elle doit rester en état d'arrestation, on dresse un procès-verbal dont une copie est remise au concierge, pour être transcrite sur son registre; sans cette formalité préalable, le concierge ne peut recevoir aucun prisonnier. (Art. 293).

D. Comment doit-on procéder à l'emprisonnement?

R. La personne arrêtée, avant d'être mise en prison, devra être présentée au juge, quand rien n'empêchera ce dernier de recevoir la déclaration sur-le-champ; mais dans le cas où cela ne pourrait avoir lieu, le détenu sera nécessairement interrogé par le juge dans les 24 heures. Sa déclaration ne sera pas exigée sous serment, attendu que le serment n'est pas admis en matière criminelle, de la part de l'accusé. (Art. 290 et 291).

D. Et par quels motifs la constitution défend-elle le serment des accusés dans des affaires semblables ?

R. Parce que, comme il s'agit de constater un fait qui peut rendre le prisonnier criminel, exiger de lui un serment, c'est le mettre dans la cruelle alternative d'être parjure, ou de se condamner lui-même par sa déclaration, ce qui est contraire au droit naturel.

D. Y a-t-il quelqu'autre disposition de la constitution concernant l'arrestation d'un citoyen ?

R. La personne d'un espagnol étant trop respectable pour que sa liberté puisse dépendre des caprices de qui que ce soit, il est établi qu'un accusé ne saurait être mis en prison, lorsqu'il fournit caution, et s'il ne se trouve dans aucun des cas où la loi ne permet pas de se faire cautionner. Il est également établi, qu'à quelque point où la procédure soit arrivée, s'il est déjà reconnu que l'accusé ne peut être condamné à aucune peine corporelle, il doit être immédiatement remis en liberté, en donnant caution. (Art. 295 et 296).

D. Est-ce que la caution affaiblit le délit ?

R. Non ; mais comme la prison n'est et ne doit être qu'un lieu de dépôt, où l'accusé n'est détenu que pour qu'il ne puisse se soustraire à l'action de la justice ; dès qu'on a la certitude qu'alors même que le délit dont il est prévenu serait prouvé, l'amende fixée par la loi n'excède pas le montant de la caution, il n'est pas juste de faire souffrir un citoyen, en le privant inutilement de sa liberté, non plus que de saisir ses biens, à moins qu'il ne soit comptable d'une somme quelconque d'argent, et alors même, la constitution détermine que la saisie doit toujours être proportionnée au maximum de la somme dont il peut se trouver responsable. (Art. 294).

D. N'y a-t-il pas de cas dans lesquels la justice ou le gouvernement s'emparent des biens des condamnés, après leur avoir fait subir la peine qu'ils ont encourue ?

R. Cette punition barbare que l'on appelle confiscation, a été infligée jusqu'à présent dans divers cas ; mais il est injuste que les enfans ou héritiers des coupables soient punis pour un crime auquel ils n'ont pris aucune part. La constitution défend positivement de confisquer les biens ; elle a reconnu de même, que la peine subie pour un délit quelconque, ne pourrait rejaillir sur la famille de celui qui l'a méritée et qui est le seul coupable. (Art. 304 et 305).

D. Celui qui est en prison n'est-il pas dès-lors considéré comme coupable ?

R. Personne n'est coupable devant la loi, avant que le jugement l'ait déclaré tel ; et afin qu'aucun Espagnol ne subisse aucune espèce de punition avant qu'il soit condamné, la constitution a ordonné que les prisons fussent régies de manière à ce que les prisonniers ne soient point molestés, mais seulement détenus en lieu de sûreté, et que ceux même qui, d'après les ordres du juge, ne doivent communiquer avec personne, soient simplement séparés des autres prisonniers, sans être jamais mis dans des cachots ou dans des endroits mal sains. (Art. 297).

D. Comment assure-t-on l'exécution de cette disposition ?

R. En visitant fréquemment les prisons, et en défendant de la manière la plus expresse, de soustraire sous quelque prétexte que ce soit, aucun prisonnier à cette visite. Le juge ou le géolier qui ne se conformeraient pas à ce qui est prescrit à cet égard, seraient repris et punis comme coupables de forfaiture, conformément au code criminel. (Art. 298 et 299).

D. Alors on ne peut donc employer ni les menottes ni les fers ou chaînes ?

R. On ne peut faire usage de ces instrumens qu'autant qu'ils sont indispensables pour s'assurer de la personne du prisonnier, mais jamais comme moyen de contrainte, de violence, ou de torture.

D. Qu'est-ce que la torture ?

R. Ce sont des moyens violens dont on se sert pour forcer, par la douleur, un prisonnier à avouer le délit dont on l'accuse, ou à déclarer ses complices. Cette invention atroce d'une tyrannie rafinée, sacrifiait cent innocens au hasard de découvrir un coupable; car presque tous les malheureux qui ne pouvaient supporter la violence de la douleur qu'on leur faisait éprouver, avouaient des délits qu'ils n'avaient jamais commis. C'est pour cela que la constitution a sagement défendu de recourir à des moyens aussi abominables. (Art. 303).

D. Ces précautions suffisent-elles pour assurer la liberté civile aux étrangers ?

R. On n'aurait pas assez fait pour y parvenir, si on n'avait cherché en même tems à mettre chacun à l'abri des coups de l'inimitié, de la haine, et des passions qui peuvent changer le bras de la justice en un instrument d'oppression et de vengeance. Pour faciliter donc à l'accusé tous les moyens de défense, éviter les fausses dénonciations, empêcher autant que possible les intrigues et les machinations, et procurer aux juges les moyens de mieux s'assurer de la vérité, la constitution veut que, dans les 24 heures, on signifie à l'accusé les causes de son arrestation, et le nom de son accusateur s'il y en a ; qu'en recevant sa déclaration, on lui fasse lecture exacte et entière de tous les documens, ainsi que des dépositions des témoins ; qu'on lui dise les noms de ces derniers, et s'il ne les connait point, qu'on lui donne tous les renseignemens qu'il demandera, pour parvenir à les connaître ; enfin, que la procédure soit publique et conduite de la manière et dans les formes voulues par la loi. (Art. 300, 301 et 302).

D. Peut-on arrêter un Espagnol dans sa propre demeure ?

R. Jusqu'à présent les lois ne contiennent aucune disposition qui le défende ; mais on doit déterminer plus tard les cas dans lesquels il pourra être permis de violer le domicile d'un Espagnol, attendu que la maison d'un citoyen est un asyle sacré, qu'on doit respecter dans tout pays libre : la constitution porte que le domicile d'un Espagnol ne pourra être violé

que dans les cas prévus par la loi, pour le bon or—
dre et la tranquillité de l'état. (Art. 3o6).

QUINZIÈME LEÇON.

Des Conseils de Préfecture,

(ou des Municipalités).

D. LES autorités et les mesures dont il vient d'être fait
mention, suffisent-elles pour qu'une nation soit bien
gouvernée?

R. Elles constituent un bon gouvernement en général, puisqu'elles assurent la liberté et les droits
de l'homme en société ; mais dans un grand pays,
composé de plusieurs provinces, il devient nécessaire d'avoir des autorités auxiliaires qui veillent à
l'administration intérieure des provinces respectives,
y maintiennent l'ordre, et concourent à la prospérité
générale.

D. La constitution établit-elle ces autorités?

R. Sans doute les juges et les tribunaux devant,
d'après leurs institutions, borner leurs fonctions à la
connaissance et au jugement des affaires contentieu-
ses, à la répression des délits, ou à la punition des
crimes, la constitution charge les corps municipaux
de tout ce qui regarde l'administration économique

de chaque commune, sous l'inspection d'un conseil formé dans chaque province, et qui porte le titre de *Députation provinciale*.

D. Comment doivent être composés les corps municipaux ?

R. D'un ou deux maires (alcades), d'autant de procureurs-syndics, et de plusieurs municipaux (regidores), tous nommés par élection, et renouvelés à des époques déterminées, savoir : les maires, tous les ans, les officiers municipaux, également tous les ans ; mais par moitié ; le procureur - syndic, s'il n'y en a qu'un, est changé tous les ans, et s'il y en a deux, leur renouvellement se fait par moitié.

D. Il n'y a donc plus d'officiers municipaux à vie, ni d'autres fonctionnaires perpétuels dans les municipalités ?

R. Non, ces emplois à perpétuité ont été abolis avec raison, parce que, outre qu'ils étaient une espèce de privilége contraire à l'égalité légale, et dangereux comme le sont tous les priviléges exclusifs, on avait à craindre qu'un homme qui serait sûr de rester toujours en place, ne s'occupât plutôt de ses propres affaires, que du bien de ses administrés, et de l'intérêt général, seul but des institutions dont nous parlons.

D. Tout individu peut-il être appelé à ces fonctions ?

R. Pour être maire (alcade), ou procureur-syndic, il faut jouir des droits de citoyen. La loi exige en outre que ces officiers civils soient âgés de plus de 25 ans, qu'ils aient été domiciliés 5 ans, au moins , dans l'endroit où ils doivent être élus, et qu'ils n'aient aucune place à la nomination du roi. (Art. 317 et 318).

D. Et pourquoi exclut-on les personnes revêtues d'emplois que le roi confère ?

R. Le pouvoir exécutif tendant presque toujours à accroître son autorité au-delà des bornes fixées par la constitution , il convient que ses agens aient le moins d'influence possible dans les affaires qui concernent l'économie et l'administration municipale des peuples.

D. Quelles sont les parties d'administration où les municipalités doivent principalement concourir ?

R. 1°. La police, le soin de la sûreté, de la salubrité et du bien-être des habitans. Elles sont par conséquent chargées :

2°. De l'administration des biens et de l'emploi des revenus communaux, conformément aux lois et aux réglemens ;

3°. De la répartition et du recouvrement des contributions publiques ;

4°. De la surveillance des écoles primaires, et de tous les autres établissemens d'éducation ou d'instruction payés par la commune ;

5°. De l'administration des hôpitaux, hospices, maisons d'enfans trouvés, et autres établissemens de bienfaisance ;

6°. De la construction et de la réparation des routes, pavés, ponts et prisons, enfin de tous les travaux publics jugés nécessaires ou utiles ;

8°. De protéger l'agriculture, l'industrie et le commerce, selon les localités ;

9°. De prendre des arrêtés municipaux, d'après les circonstances, et de les présenter aux *Cortès*, pour en obtenir l'approbation, par l'intermédiaire de la députation provinciale qui les accompagnera de son avis.

SEIZIÈME LEÇON.

Des Députations provinciales.

(Conseils du département).

D. QUEST-CE que les députations provinciales ?

R. Ce sont des conseils composés du chef supérieur de la province (nommé par le roi), de l'intendant et de sept membres élus par les habitans.

D. Quelles conditions faut-il remplir pour être éligible ?

R. Il faut jouir des droits de citoyen, avoir plus

de 25 ans, être né dans la province, ou y être
établi depuis 7 ans au moins, et y posséder une fortune honnête. Nul ne peut être membre de députation provinciale, s'il occupe un emploi du gouvernement. (Art. 33o).

D. Les membres des députations provinciales sont-
ils inamovibles ?

R. Non, les députations doivent être renouvelées
tous les deux ans par moitié, c'est – à – dire , que la
moitié plus un sortira à la première élection , et le
reste à l'élection suivante, et successivement. (Art. 327).

D. Quand les députations provinciales doivent-elles
s'assembler ?

R. Toutes les fois que leur réunion paraîtra nécessaire, pourvu que le nombre des sessions n'excède
point 90 par an.

D. Quelles sont leurs attributions ?

R. 1º. De recevoir le rôle des contributions imposées à leur province , et d'en faire la répartition pour
chaque ville et commune ;

2º. De veiller au versement des fonds publics dans
les caisses respectives ; d'examiner les contrôles pour y
apposer leur *visa*, sans lequel ils ne peuvent être approuvés par l'administration supérieure, et d'avoir soin
que les lois et les réglemens soient partout strictement
observés ;

3º. De faire créer des municipalités là où leur établissement s'accorde avec les dispositions de l'art. 310 de la Constitution (1).

Pour le recouvrement des impôts, la députation nomme, sous sa responsabilité, le receveur, et les comptes de la recette une fois examinés par la députation, sont adressés par le receveur au gouvernement qui, après les avoir visés, les soumet aux *Cortès* pour être apurés.

4°. De veiller à ce que l'éducation de la jeunesse soit faite conformément aux plans approuvés, et de protéger l'agriculture, l'industrie et le commerce, en récompensant ceux qui auront fait quelque découverte dans une des branches de la prospérité publique;

5°. De faire connaître au gouvernement tous les abus qui seraient commis dans l'administration des deniers publics ;

6°. De faire le recensement et le cadastre des provinces ;

7°. De veiller à ce que les établissemens de bienfaisance remplissent leur but, et de proposer au gou-

---

(1) D'après cet article, pour que l'on établisse un Conseil municipal dans une ville, il faut que sa population, y comprise celle du territoire qui en dépend, s'élève à 1000 habitans.

vernement les mesures jugées nécessaires pour la réforme des abus que l'on y aura pu remarquer ;

8°. De rendre compte aux Cortès des atteintes qui seraient portées à la constitution dans la province ;

9°. Si des ouvrages ou des travaux sont réclamés par l'utilité publique, elles devront exposer la nécessité de s'en occuper, et faire la proposition des moyens les plus convenables d'exécution, afin d'obtenir l'approbation des *Cortès*.

Dans les colonies, si l'urgence de ces ouvrages ne permettait pas d'attendre la décision des *Cortès*, la députation pourra mettre à exécution le projet qu'elle aura cru le plus avantageux, et en donnant néanmoins avis sans délai au gouvernement, afin d'obtenir aussi l'assentiment des *Cortès*.

10°. Les députations des provinces d'outre-mer surveillent au surplus les missions destinées à convertir les Indiens, et se feront rendre compte de leurs opérations, afin d'arrêter les abus qui pourraient s'y introduire. (Art. 334 et 335).

DIX-SEPTIÈME LEÇON.

De la Force-armée.

D. NE manque-t-il pas quelque chose à un gouvernement ainsi organisé, pour que les citoyens soient tranquilles et heureux?

R. Si tous les hommes étaient bons, et que toutes les nations fussent gouvernées d'après un système semblable à celui dont nous nous occupons, il n'y a pas de doute que ces institutions seraient suffisantes pour assurer le bonheur d'un peuple quelconque; mais comme il n'est malheureusement pas à présumer que tous les hommes soient honnêtes, et que toutes les nations aient un gouvernement juste et modéré, il s'ensuit qu'il doit y avoir une force militaire nationale, c'est-à-dire, une partie des citoyens vouée exclusivement à la profession des armes, autant pour maintenir la tranquillité et l'ordre à l'intérieur, que pour faire respecter la nation, et la défendre, si elle était attaquée par une puissance étrangère.

D. C'est-à-dire qu'il faut qu'il y ait des soldats?

R. Certainement, mais ils ne doivent pas ressembler à ceux des autres nations.

D. Et en quoi faites-vous consister cette différence ?

R. En ce que le soldat espagnol ne sera dorénavant qu'un citoyen armé pour la défense de sa patrie, de sa constitution et de son roi, tandis que les autres sont pour la plupart de vils mercenaires qui répandent leur sang pour satisfaire les caprices d'un tyran.

D. Tous les Espagnols sont-ils obligés d'être soldats ?

R. Aucun deux ne peut se dispenser du service militaire , lorsqu'il est appelé par la loi selon les formes prescrites. C'est pourquoi les *Cortès* , en vertu
du pouvoir législatif, fixeront tous les ans , non-seulement l'effectif de l'armée, tel que les circonstances
l'exigent, le mode de recrutement , le nombre des
bâtimens de guerre que l'on doit armer et entrete-
nir , mais elles régleront encore , par des ordonnances, tout ce qui est relatif à la discipline , à l'ordre
de l'avancement , à la solde , à l'administration , enfin tout ce qui concerne la bonne composition et
l'organisation de l'armée de terre et de mer. (Art.
357, 358, 359 et 361).

D. Ainsi donc le roi ne peut pas lever une armée
de sa propre autorité ?

R. Non , parce que des malveillans pourraient
le porter à abuser de cette faculté ; mais il est le
maître de disposer de la force armée, et de la dis-
tribuer de la manière qu'il jugera la plus convenable.

D. Le roi ne pourrait-il pas se servir de cette
même force pour changer l'ordre du gouvernemnnt
établi , et usurper le pouvoir absolu ?

R. Il n'est pas probable que le roi entreprenne jamais une usurpation de laquelle il résulterait des malheurs pour sa propre personne et pour sa nation ,

ni que des soldats-citoyens se prêtent à la destruction de leurs droits; mais si une pareille tentative était faite, la nation aurait à sa disposition ses milices nationales pour s'y opposer. Dans ces vues, la constitution, en traitant de ces milices, de leur organisation et de leur composition, porte que le roi, en cas de besoin, peut en disposer dans l'intérieur des provinces, et que, dans chacune d'elles, il y aura des corps composés d'habitans de ces mêmes provinces, que la loi ne pourra jamais employer hors de leurs départemens, sans le consentement des *Cortès*. (Art. 362, 365)

DIX-HUITIÈME LEÇON.

Des Contributions.

COMMENT subsistent ceux qui servent la nation dans les ministères, dans les tribunaux, dans les milices et dans les établissemens publics en général ?

R. Ces personnes ne pouvant vaquer à d'autres occupations ni à d'autres affaires qui leur procurent des moyens d'existence, la nation les indemnise en leur donnant une paye proportionnée à l'importance de leurs travaux.

D. D'où tire-t-on les fonds pour faire face à ces dépenses et à toutes celles qui sont indispensables dans un état qui a des armées de terre et de mer, des arsenaux, des académies, des écoles publiques, etc. ?

R. L'utilité de tous ces établissemens étant générale, tout le monde doit contribuer à les maintenir, et pour cela, on impose des Contributio

D. A qui appartient le droit d'imposer ces contributions ?

R. Comme une contribution, de même qu'une loi, ne doit être établie que d'après la volonté générale et du consentement du plus grand nombre, pour que l'une comme l'autre ait son plein effet, c'est aux Cortès quil appartient d'établir, de fixer, d'approuver les contributions directes ou indirectes, tant générales que provinciales ou communales.

D. Y a – t – il quelqu'un qui puisse être exempt d'impôts ?

R. Personne : la constitution porte que les contributions seront réparties sur tous les Espagnols, en raison de leurs facultés, c'est-à-dire, proportionnellement à leur avoir, sans aucune exception ni privilége quelconque, (Art. 339).

D. Est-ce qu'il ne peut pas y avoir malversation, dilapidation, ou toute autre espèce de fraude dans le recouvrement ou dans le versement du produit des contributions ou impôts ?

R. Non : afin de prévenir tout crime de cette espèce la constitution règle l'ordre qui doit être suivi
par le trésor, ainsi que la manière dont le compte
des rentes et dépenses des deniers publics doit
être présenté à la nation tous les ans. Le but de
cette disposition est d'empêcher le renouvellement de
ce qui est arrivé du temps de Charles IV, époque
pendant laquelle les énormes contributions dont le
malheureux peuple était accablé, ne servaient qu'à
satisfaire la cupidité ou les caprices du favori Godoy.

D. Pourront-ils revenir ces temps malheureux où
les Espagnols dégradés, avilis, et ayant oublié leurs
anciennes lois, étaient le jouet d'un ou de plusieurs
hommes, qui abusaient de la bonté et du caractère
de la nation ?

R. Les Espagnols ont déjà recouvré les droits que
le despotisme leur avait ravis, et les efforts héroïques
qu'ils ont faits et qu'ils ne cessent de faire pour conserver leur indépendance, autorisent l'espoir qu'ils ne
se laisseront pas priver des libertés qui leur sont as-
surées par la sage constitution qu'ils ont juré de maintenir et de suivre.

FIN.

TABLE DES MATIÈRES.

Av. pr. veut dire *avant-propos* ; *Préf. préface.* Les simples chiffres rappellent le texte du catéchisme.

ERRATA.

Page 21 , ligne 4 , au lieu de *ochlocrachique* , lisez : *ochlocratique*.

Page 40 , ligne 6 , *choisies* lisez : *choisis*

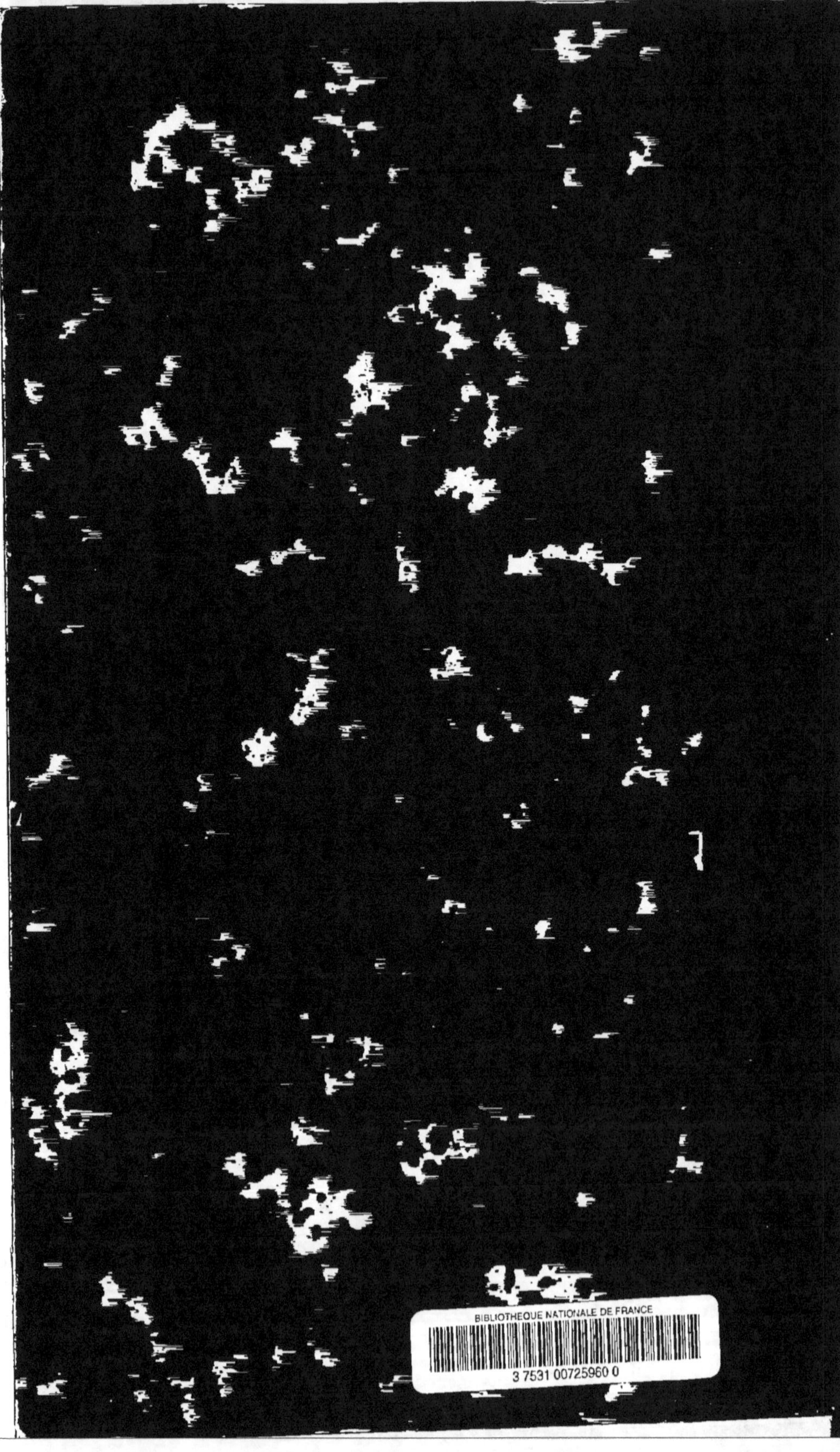